¡Cuidado! Café cargado, 2010

D. R. © Editorial Lectorum, S. A. de C. V.
Centeno 79-A
Col. Granjas Esmeralda
C. P. 09810, México, D. F.
Tel. 55 81 32 02
www.lectorum.com.mx

Bajo acuerdo con:

© Editorial Otras Inquisiciones, S. A. de C. V.
Pitágoras 736, 1er. piso
Col. Del Valle
C. P. 03100, México, D. F.
Tel. 54 48 04 30
www.editorialotrasinquisiciones.com

Primera edición: julio de 2010

ISBN: 978-607-457-126-4

Impreso y encuadernado en México.
Printed and bound in Mexico.

¡CUIDADO!

CAFÉ
cargado

TODO LO QUE QUIERE SABER Y
GOZAR SOBRE EL CAFÉ
Y SUS SORTILEGIOS

Compilado por Victoria García Jolly

Editorial
OTRAS INQUISICIONES

COLECCIÓN
vicios

Podríamos decir que la COLECCIÓN VICIOS de Editorial Otras Inquisiciones es políticamente incómoda porque contiene libros con el común denominador de dar la pauta para querer más, para sumergirse en los avatares de algo que nos haga gozar, sentir y hasta parecer locos, obsesos o perdidos.

¿Quién no ha sucumbido ante las malas artes de un delicioso bombón de chocolate crujiente, terso y delicioso que se deshace en los dedos al tocarse y se derrite en la boca y entre los dientes a la menor provocación? ¿Quién no se ha perdido entre el humo de un cigarro que sube hasta el techo y crea formas turbias en la claridad del aire para luego desaparecer y dejarnos pensativos y tranquilos? Y, ¿quién no ha sentido un impulso innato por mascar un chicle de bola, redondito, con todos sus colores y sus sabores, con esa forma única que truena y que por dentro expulsa el dulce suavecito, poco a poco, en una tarde cualquiera? ¿A quién no pierde una buena cerveza helada en su botella transparente o ámbar cuando es sábado a mediodía, cuando empieza el calor y vas en la carretera? Más aún, ¿quién se atrevería a despreciar una espumante, humeante y aromática taza de café *espresso* a las 2 de la mañana? ¿Y quién no quiere tener un orgasmo o clavarse en la textura del vino, del tequila o del mezcal?

En fin, que los vicios pueden no ser tan malos si se ven desde el otro lado —que siempre hay otro— y se disfrutan a fondo, si logran hacernos gozar aunque sea un momento y ver la vida de diferente manera con un placer inusitado y único que ninguna otra cosa nos podría dar.

Los editores

Roy Lichtenstein,
Taza y plato I, 1976.

PRESENTACIÓN

«El café me gusta como me gusta.»

Es increíble lo que unos pocos granos han hecho por la humanidad. Desde que la jornada laboral del hombre no sigue el ciclo de la luz solar, sus amaneceres no son los del sol y pasa muchas más horas despierto después del ocaso que después del amanecer, el café, con su color, su sabor y su cafeína, se ha hecho más que indispensable.

A algunos el café gusta por su sabor amargo, fuerte, contundente y definitivo; a otros por su olor y a otros por su efecto energizante y su cualidad de mantenernos alerta.

Ellos son la razón principal de este libro y de los que quizás es usted parte, si lo tiene en las manos; aquellos que no sólo disfrutan del café, sino que lo necesitan, los que lo requieren para despertar, para vivir —sobrevivir dirían algunos—, para seguir adelante; aquellos para quienes el café es parte de su vida o más bien que viven a través de una taza de café. Son ellos a quienes el café enfoca, vigoriza, previene, da energía, restablece y, más aún, cura. Esos que despiertan pensando en el café y que duermen y sueñan con él. Se trata en general de personalidades complejas, interesantes, a veces sufridas, pero siempre intensas, llenas de libido, curiosas y despiertas.

Sea usted como sea, querido lector, sépase que éste es un libro para disfrutar —claro que si es con un café al lado mejor, y estoy segura de que lo disfrutará de más—, porque se trata de una lectura pausada, lúdica, reposada, amena y más que placentera. Datos, notas, extractos, historia, pequeñas dosis de ciencia, frases, numeralia, poemas, literatura, citas, memorabilia conforman el *corpus* de este pequeño librito con el que usted no sólo se deleitará sino que se enterará del descubrimiento del café; sabrá cuáles son las mejores cafeteras para lograr una buena bebida; recordará a los cafeinómanos más célebres de la historia; sabrá cuáles son los beneficios que la ciencia otorga a esta bebida; recorrerá los cafés —que no cafeterías— más famosos del mundo; se enterará por qué su café sabe mejor en porcelana y se aprenderá de memoria varias canciones sobre este legendario líquido.

No cabe duda que el café, además de que nos vuelve a la vida, nos da luz, nos permite concentrarnos, nos da lucidez, nos reanima, nos da vigor y fuerza, nos permite recordar lo olvidado, nos otorga confianza, valentía y energía, y que gracias a él se inician proyectos, sueños se hacen realidad, se arremolinan multitudes, se ejercitan las mentes, se escriben novelas, se forjan catedrales y se componen sinfonías.

Es el café, motivo de nuestro tiempo, de este aquí, de este ahora, pero es también parte de la historia, brebaje de la modernidad, antídoto de la desidia, mal que nos despierta y luego no nos deja dormir, al cual se debe mucho de lo que el ser humano es hoy día.

Este libro es un homenaje al café, y al recorrer estas paginitas irá sumergiéndose en los sortilegios de esta bebida que ha cambiado la faz del mundo desde el siglo XV, ha sido el principal protagonista del XX y empieza a ser más que importante en el XXI. Se trata de un homenaje a su arte, a su nombre, a su embrujo y a todos aquellos que gracias a él son lo que son.

María del Pilar Montes de Oca Sicilia

Gracias a Diego Woolrich,
a la finca Sinaí y a los cafetaleros
de Santos Reyes Nopala, Oaxaca
por su valiosa ayuda.

«I like my men like I like my coffee, hot, strong and sweet like toffee.»*

«Coffee», Supersister

*«Los hombres me gustan tal como me gusta el café, caliente, fuerte y dulce como el caramelo.»

17

KALDI
Y EL MONJE

Cuenta una vieja leyenda etíope que un pastor de nombre Kaldi notó que sus cabras estaban agitadas y muy activas cuando comían de las bayas rojas de un arbolillo. Él le llevó bayas al monje de un templo vecino que preparó con ellas una infusión para sus monjes con la cual constató el mismo estado de vigilia y actividad. La infusión preparada tenía un sabor terrible, así que todo fue lanzado al fuego. Las semillas de las bayas se fueron secando y tostando y, mientras eso ocurría, un aroma sutil y agradable invadió toda la habitación. Así, el monje volvió a experimentar con aquellos granos quemados y preparó una nueva infusión, **el resultado fue el café.**

«Claro que el café es un veneno lento, hace 40 años que lo bebo.»

Voltaire

GRIMES (EWAN MCGREGOR):

—Todo está en el molido, Sizemore. No puede ser muy fino ni tampoco muy grueso. Esto, querido amigo, es una ciencia.

Tomada de la película *Black Hawk Down* (2001), escrita por Ken Nolan y dirigida por Ridley Scott.

El café es la semilla del cafeto que crece silvestre en los montes de Etiopía y se cultiva en América, África y Asia.

El **cafeto** es un arbolillo de follaje perenne, con hojas opuestas. Sus flores, blancas y aromáticas, se disponen en breves ramilletes. Antes de madurar, sus frutos son redondos y rojos —de ahí que se les llame *cerezas*—, luego se tornan de un negro azulado.

La palabra **café** en español viene del italiano **caffé**; ésta entró al italiano del turco otomano **kahvé**, y éste del árabe clásico **qáhwa**, que daba nombre a un tipo de vino de efectos estimulantes, como los de esta bebida.

El célebre músico Johann Sebastian Bach
era cafemaniaco al punto de que
una de sus más célebres cantatas
es la **«Oda al café»**,
que compuso en 1732.

«Si no existieran los cafés, muchísimas cosas jamás habrían sido hechas, dichas ni pensadas.»

Heimito von Doderer

La ceremonia etíope del café se realiza justo al terminar la comida: para empezar, el café verde se tuesta en la mesa de los comensales. El anfitrión hace circular los granos recién tostados para que cada invitado disfrute el aroma del café, luego son molidos en un mortero de piedra y finalmente hervidos. Cada comensal ha de beber tres tazas: *abole-berke-sostga*, «uno-dos-tres, y seremos amigos para siempre».

«Doña Mercé,
deme un café con piquete,
yo bien lo sé
que todavía no ando cuete.
Doña Mercé,
sírvale otra cucharada
porque se está resintiendo
el frío de la madrugada,
el frío que de noche siento
es por verme abandonado,
ni con alcohol me caliento,
soy pobre y muy desgraciado...»

«Café con piquete», Pedro Infante

27

«Nadie puede comprender la verdad hasta que bebe de las espumosas bondades del café.**»**

Sheik Abd - al - Kadir

Las distintas cafeteras que existen funcionan bajo distintos métodos y principios que afectan el resultado; algunos métodos son considerados mejores que otros. Además —por lo regular— el tipo de café que brota de cada una se denomina de manera distinta: americano, *espresso*, turco, etcétera…

Cezve o ***ibrik*** es como se llama un cazo de cobre ancho en su parte inferior y más estrecho en la boca, en el que se

ponen agua y café molido extra fino a hervir; el resultado, que es espeso y cargado, luego se sirve en tazas pequeñas a las que generalmente se les agrega azúcar. Preparar un café turco implica un ritual que viene de antiquísimas tradiciones; de él deriva la *cafemancia*, que consiste en adivinar el futuro a través de los asientos del café.

«No te haré
más tibio el frío
ni más dulce el
café con leche,
pero piensa en mí,
muchacha,
piensa en mí.»

«Muchacha», Joan Manuel Serrat

AFIRMACIONES DE
CAFEINÓMANOS ANÓNIMOS

el acelerado:
yo no puedo estar si no hay café,
con eso me mantengo para poder funcionar.

el adicto total:
no tengo problemas con la cafeína...
tengo problemas «sin» la cafeína.

el amenazador:
nunca te interpongas entre yo y mi café.

el bíblico:
...y el octavo día, Dios creó la cafeína.

«El café:
negro como la noche,
caliente como el Infierno,
puro como un ángel
y fuerte como el amor.**»**

Charles-Maurice de Talleyrand-Périgord

Viena, la capital austriaca, tiene una población aproximada de 1 700 000 habitantes; su densidad de población es de 4026 habitantes por km² y cuenta con **más de 800 cafés**, lo que significa que hay un establecimiento por cada 2114.33 habitantes; es decir, **cinco cafés por km²** entre los que figuran muchos de los más famosos y antiguos del mundo.

« El hombre, además de sus obras, es un poco hijo del café de su tiempo. »

Josep Pla, escritor catalán

CAFFÉ FLORIAN
VENECIA

El 29 de diciembre de 1729, Floriano Francesconi abrió un local en la plaza de San Marcos. Su visión de un mundo que avanza a gran velocidad le lleva a crear un lugar donde la gente, el café y las opiniones tuvieran un punto de encuentro. Por sus elegantes salones que, a pesar de las numerosas inundaciones, aún se conservan como el primer día, pasaron escritores de la talla de Lord Byron, Marcel Proust o Charles Dickens.

CAFETERA DE FILTRO O DE GOTEO

Su sistema puede ser manual o automático y consiste en hacer caer gotas de agua caliente a través de café medianamente molido, situado en un filtro metálico o de papel. El resultado es el famoso **café americano**, que no es el de mejor sabor —además de que es el sistema que transmite el mayor contenido de cafeína—, pero que es ideal para cuando urge **despertar**.

BOB (JIM JARMUSCH):

—Café y cigarro
es el desayuno
de los campeones.

Tomada de la película *Blue in the Face* (1995),
dirigida por Paul Auster y Wayne Wang.

Honoré de Balzac,

el gran escritor francés cuya gigantesca obra concluyó antes de los 51 años, se entregaba infatigable a su tarea gracias al consumo inmoderado de café. Se estima que para escribir su obra monumental, la *Comedia humana*, habría bebido la exorbitante cantidad de **50 000 tazas**.

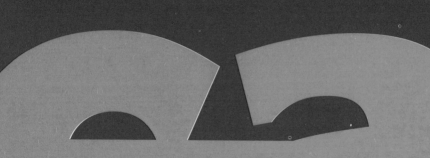

Brasil
es el primer
productor
de café en el mundo.
Le siguen Colombia,
Vietnam, Etiopía y México.

CAFÉ DO
BRASIL

63% del café que se consume en el mundo
es producido en América, 24% en Asia y 13% en África.

PRINCIPALES PRODUCTORES MUNDIALES

■ arábica □ robusta □ ambos

《 El café llega a mi estómago y, enseguida, hay una conmoción general: las ideas empiezan a moverse como los batallones de la Grand Armée en el campo de batalla y la refriega da inicio. Los recuerdos llegan a todo galope, marchando al viento; la caballería de las comparaciones me ofrece magníficas descargas; la artillería de la lógica se da prisa con las municiones e inicia el ataque con tiros certeros; las frases llegan y las hojas de papel se llenan de tinta, ya que la lucha comienza y termina con polvo de café, así como las batallas lo hacen con pólvora...»

Honoré de Balzac

«The little I had left,
he said it's over,
and I could really go,
for a cup of coffee,
and an overdose…»*

«A Cup of Coffee», Katy Perry

---

*«Lo poco que me quedaba, él me dijo que ya se acabó, y yo lo único
que quiero es ir por un café y una sobredosis…»

Cuenta la leyenda que el profeta Mahoma estaba enfermo y que recuperó su salud al tomar una bebida negra y amarga entregada por el Arcángel Gabriel y que el mismísimo Alá le había enviado. Ese mismo día, Mahoma fue capaz de hacer desmontar a 40 caballeros armados y de satisfacer a 40 mujeres. A esta bebida la llamó *qáhwa* o *kawa*. Esta expresión todavía es utilizada en todo el mundo para referirse a ella.

El cafeto sólo
tiene dos
especies,
el *Coffea arabica*
—arábica— y el
Coffea canephora
—robusta.

CAFFÉ GRECO
ROMA

Un emigrante griego inaugura este que fue el primer café de Roma en 1760. Durante los siglos XVIII y XIX se convirtió en el favorito de los artistas extranjeros que vivían y trabajaban en «La ciudad eterna». Sus espejos fueron testigos de tertulias con el famoso Búfalo Bill, y discusiones literarias protagonizadas por Keats o Goethe. En sus veladores de mármol, músicos como Liszt, Bizet o Wagner compusieron algunas de sus más destacadas obras.

En la cultura turca, una causa legítima de divorcio era la negligencia de no ofrecer o servir café al esposo.

«El vudú y los polvos mágicos no son nada en comparación con el *espresso*, el *capuccino* y el *mocha*, que son más fuertes que todas las religiones del mundo combinadas y —quizá— más fuertes, incluso, que la mismísima alma humana.**»**

Mark Helprin

«¡Oh grano molido!
¡Oh grano divino!
Agitas mis neuronas
cuando deambulan dormilonas
por mi sesera, las muy cabronas.
Contribuyes notablemente
a despertar mi mente
cuando se encuentra aletargada
la muy puta y condenada.
Solo y con hielo
eres todo un consuelo,
sobre todo en verano,
cuando nos suda hasta el ano.**»**

«Oda al café», grupo de rock argentino Demencia

Ludwig van Beethoven,

el gran músico alemán,
era sumamente obsesivo en
la preparación de su café, decía
que le eran necesarios
exactamente **60 granos de café**,
ni uno más, ni uno menos.

« Two cups of coffee
in the morning,
two days till
I stop feelin' blue,
two chairs,
one empty in the corner,
I got too much me and
not enough of you. **»**

«Two Cups of Coffee», Josh Kelley

«Dos tazas de café por la mañana, dos días hasta que deje de estar
triste, dos sillas, una esquina vacía, creo que tengo
demasiado de mí y muy, muy poco de ti.»

«No hay más que comparar la violencia de Occidente en donde se bebe café, con la paz y armonía de Oriente, para darse cuenta del pernicioso y maligno efecto que una bebida así de amarga tiene sobre el alma humana.»

Anónimo hindú

Según estudios médicos, bastan **diez gramos de cafeína** en una dosis para **matar** a alguien. Esto equivaldría a tomar entre **80 y 100 tazas** de café en un día.

El ***Coffea arabica*** es considerado el grano de más alta calidad y, por eso, es el más caro. Se le conoce como café de altura porque se cultiva en fincas ubicadas entre los 600 y 2000 metros sobre el nivel del mar. La zona de producción de esta especie en América va desde México y América Central hasta Brasil, aunque también se cultiva en algunos países de Asia y África en los que el clima es tropical templado.

«Ir a los cafés se convirtió para mí en una necesidad vital cotidiana.»

Walter Benjamin,
filósofo marxista judío alemán

《Tengo tu mismo color
y tu misma procedencia.
Somos aroma y esencia
y amargo es nuestro sabor.
Tú viajaste a Nueva York
con visa en Bab-el-Mandeb,
yo mi Trópico crucé
de Abisinia a las Antillas.
Soy como ustedes semillas.
Soy un grano de café.
Tengo tu mismo color

y tu misma
procedencia,
somos aroma y esencia
y amargo es nuestro sabor…
¡Vamos hermanos, valor,
el café nos pide fe;
y Changó y Ochún y Agué
piden un grito que vibre
por nuestra América libre,
libre como su café! »

«El café», Nicomedes Santa Cruz

Según The British Coffee Association, el café es la bebida más popular del mundo: se beben más de **dos billones de tazas por día.**

Roy Lichtenstein,
Ceramic Sculpture 8, 1965.

«Si fuera mujer, usaría el café como perfume.»

John Van Druten

La palabra sueca *fika* es un verbo que significa «hacer una pausa», «encontrarse con alguien», y se refiere a una costumbre que se practica en aquel país, que consiste en parar la actividad durante unos minutos para tomar un café y se realiza dos veces al día, tradicionalmente a las diez de la mañana y a las tres de la tarde sin falta. Es como tener dos *coffee breaks* en un día, con la salvedad de que esta *fika* no incluye pastelillos ni galletas.

«Se cambia más fácil de religión que de café.»

Georges Courteline

Durante largas temporadas, la novelista británica **Agatha Christie** se hospedó en el hotel más lujoso de Turquía, el Pera Palas, en Estambul. Entre la habitación 410 y el elegante café del hotel escribió una de sus más famosas historias: *Asesinato en el Expreso de Oriente.*

«Ningún café es bueno al gusto si no ofrece antes un sutil aroma a nuestro olfato.»

Henry Ward Beecher

Más afirmaciones de
CAFEINÓMANOS ANÓNIMOS

el comparativo:
una mañana sin café es algo así como seguir dormido.

•

el creyente:
todo el mundo debería creer en algo…
Yo creo que me haré otro café.

•

el culposo:
la conciencia mantiene en vela a más gente que el café.

•

el daltónico:
¿que si me gusta el café negro?
¡Qué!, ¿hay de otros colores?

•

el *déjà-brew*:
esa inexplicable sensación de que ya habías
bebido ese café antes.

«Una mujer es como una buena taza de café: la primera vez que se toma, no deja dormir.»

Alejandro Dumas

El **Coffea canephora** —o robusta— puede soportar los climas y las condiciones más rigurosos. Considerado en la industria como menos sabroso y aromático que el *Coffea arabica*, es muy empleado para café instantáneo, cafés más baratos y otros usos industriales, ya que produce el doble de cafeína que el *arabica* y tiene una mayor acidez. Se cultiva a una altura de cero a 1000 metros sobre el nivel del mar, en países de África central y oriental, en India, Indonesia, Vietnam, Madagascar y Filipinas. En América, sólo en Brasil, en climas calientes y húmedos.

El escritor francés Louis Ferdinand Céline era un gran bebedor de café, aficionado al máximo. Él dijo una vez:

«Seguramente me voy a ir al Cielo, pero con la condición de que me sirvan el café en la cama... La cama me importa un bledo, pero que no le falte crema a mi café».

67

mi papá, que es médico, viene de una familia «muy cafetera», pero como mi mamá no preparaba un buen café —por falta de costumbre—, mi padre lo tomaba siempre en su consultorio. Un día, invitó a unos doctores a la casa a una cena muy elegante y compró, para la ocasión, un kilo de grano molido que acabó en la despensa, junto a una bolsa de mole en polvo traída de Oaxaca. Mi mamá, muy quitada de la pena, tomó la bolsa del mole para hacer el café. A los doctores les sirvieron, en tazas de porcelana, un brebaje que más valdría no imaginar. No dijeron nada, pero las miradas los delataron.

MPMOS

«Yo creo que el género humano ha logrado tantos avances no por su inteligencia, sino por tener pulgares oponibles... para preparar café.»

Flash Rosenberg

PETE MARTELL (JACK NANCE):

    —¿Cómo lo toma, señor Cooper?

DALE COOPER (KYLE MACLACHLAN):

    —Café como una noche oscura sin luna.

PETE MARTELL:

    —Muy negro entonces.

Tomada de la serie de TV *Twin Peaks* (1990),
dirigida por David Lynch.

VARIEDADES DE PREPARACIÓN

exprés o *espresso*:
café al que se le ha pasado vapor de agua,
en una máquina a presión.

•

exprés cortado
o *espresso macchiato*:
espresso al que se le ha añadido una cucharadita
de espuma de leche.

•

americano:
el producto de las cafeteras de filtro y de las percoladoras;
si se sabe preparar bien, no es malo.

latte:

se prepara como un *capuccino*, con menos leche,
más espuma y más café; dicen que es como un mini *capuccino*,
pero más fuerte.

capuchino o *cappuccino*:

el tradicional de tres colores:
leche, café *espresso* y espuma arriba,
con su toque de canela en polvo.

moka o *mocha*:

igual que un *capuccino*, pero con una cucharada
de cacao en polvo.

BARISTA

se le llama a la persona que prepara café de manera profesional; es decir, aquella que trabaja tras la barra de café y es versado en el arte del *latte*, del *espresso*, de los aromas, los tipos de café, las mezclas, el tostado y la degustación. El término fue acuñado en 1702.

«Todo aquel que ha frecuentado un café turco conoce bien la calma y la despreocupación con que ahí se deja pasar el tiempo.»

Heimito von Doderer

«Si no fuera por el café, no tendría ni la más mínima personalidad.»

David Letterman

CAFETERAS AL VACÍO O CONAS

Este método es el más excéntrico de preparar café; consiste en dos esferas de vidrio, una encima de la otra, conectadas por un tubo. En la esfera superior se coloca el café y en la inferior, el agua fría que, al calentarse sube y se mezcla con el café. Al enfriarse la mezcla, el líquido regresa a la esfera inferior en forma de uno de los mejores cafés que existen. Este método es visualmente muy bello y apantalla a los invitados, pero requiere paciencia.

《Estar en el Café
no debe entenderse
como una manera de pasar el tiempo,
o dejarlo pasar, sin más. En el Café,
el tiempo no huye de sí mismo,
sino que se sitúa en la interrupción,
y allí habita el **hombre de Café**.**》**

Poética del Café,
Antoni Martí Monterde

«Un higo para perdices y codornices,
las golosinas de las que nada sé;
pero el monte más alto de Gales,
escogería para beberme mi café.»

Jonathan Swift

CÓMO ECHAR A PERDER UNA TAZA DE CAFÉ:

✗ emplear agua hirviendo:
la temperatura ideal va de los 92 °C a los 95 °C.

✗ emplear agua de mala calidad:
mineralizada, clorada en exceso, agua dura.

✗ emplear equipo sucio
o en malas condiciones.

✗ dejar el café preparado en la cafetera:
la bebida pierde su frescura y gana amargor y acidez. Es mejor
vaciarlo en una cafetera de porcelana o en un termo para
conservar su temperatura.

✖ **dejar el agua mucho tiempo
en contacto con el grano,**
así suelta mucha cafeína.

✖ **agregar demasiado o muy poco café:**
según los italianos, la proporción ideal son ocho gramos de café
por 240 ml de agua —entre nueve y diez gramos hacen una taza
muy cargada, y entre cinco y seis gramos hacen una muy ligera.

✖ **dejar a la intemperie el café molido
por más de dos semanas,**
ya que pierde su sabor y aroma; es mejor mantener los granos
o el café molido en recipientes herméticos y opacos.

El **café soluble instantáneo** fue creado en 1909 por el médico guatemalteco Federico Lehnhoff. Se trata de café seco en polvo o granulado, que se puede disolver rápidamente en agua caliente para ser consumido inmediatamente.

Henry (Ivan Klousia):

—Hablando de café, ¿qué piensas? ¿Que es un lubricante social o más bien un estimulante peligroso?

Tomada de la película *Late Bloomers* (1996), dirigida por Julia Dyer.

CAFÉ DE PARÍS
ROMA

Desde finales de la década de los 50, Via Veneto se erigió como el centro del *glamour* de la cinematografía europea. En 1960, Federico Fellini retrata ese mundo en su película *La dolce vita*, rodada en el interior y terraza de ese local, con Marcello Mastroianni como protagonista.

«Un café es un sistema que condensa los centros de donde emana la energía creativa del hombre.»

Edward Timms

«La taza perfecta no existe,
lo que hay que saber es
cómo no echarla a perder.»

Diego Woolrich, cafetalero de cuarta generación

El proceso para **descafeinar el café** consiste en la eliminación de la cafeína utilizando agua como medio para disolverlo; después se vuelve a secar el grano hasta obtener el grado de humedad original. Este proceso permite garantizar un contenido mínimo de cafeína y conservar todas las **propiedades aromáticas y gustativas** del café.

«El café también
tiene sus virtudes:
es húmedo
y caliente.»

Proverbio alemán

«Y juro por mí, que sólo fui por un café, pero te vi.»

Ricardo Arjona

La taza es un elemento crucial —y no decorativo— a la hora de degustar un buen café, y la calidad de la experiencia de consumo varía con cada material. La porcelana es, por mucho, la mejor opción, pues conserva por más tiempo la temperatura media a la que se bebe un café —55 °C a 57 °C—, su espesor es discreto al tocarlo con los labios y es más amable con todos los sentidos; la loza es una buena opción, pero su espesor es

más grueso e interrumpe la apreciación del líquido; el plástico no es muy recomendable: primero no se enfría, y luego se enfría violentamente; el aluminio rompe con el sabor del café y estropea las sensaciones; el unicel es la peor de las opciones porque contamina el sabor y el medio ambiente; por último, el papel es la mejor opción para un recipiente desechable, pero nunca mejor que una taza.

«Tomar café descafeinado es como besar a tu hermana.»

Bob Irwin

El **café más costoso** del mundo es una mezcla de las variedades Jamaican Blue Mountain y Kopi Luwak, que se le dan a comer a un felino llamado **civata**; luego los granos de café se separan del excremento del felino y se muele para su preparación. El proceso de fermentación en el intestino del animal mata todas las bacterias de los granos y los deja mejor que si se tostaran. David Cooper fue el creador de este proceso y una sola taza puede llegar a costar hasta **100 dólares**.

El consumo del café y las cafeterías son consideradas un reflejo de la **idiosincrasia** de cada grupo social: si le invitan un café en Atenas, prepárese para pasar un buen par de horas parloteando y chismeando con varias tazas de café; por otro lado, en Amberes, como en el resto de Europa y del mundo, «tomar un café» significa simplemente discutir sin beber ni una taza.

Son dos las plagas principales que afectan al cafeto: la *Broca*, que es un gusano microscópico que hace una pequeña perforación en la punta del grano, y el hongo *Hemileia vastatrix*, que puede acabar con plantaciones enteras.

«Meet me at the coffee shop
We can dance like Iggy Pop
Another go in the parking lot
Frewak the cheek on your
hot spot.» *

«Coffee Shop», Red Hot Chili Peppers

* «Nos vemos en el café, podemos bailar como Iggy Pop, puedes darme entrada en el estacionamiento, para tontear entre besos y toqueteos.»

«Aquel que bebe poco *qáhwa*, no irá al Infierno.»

Dicho de la sabiduría sufí, siglo XVI

OTRAS MANERAS DE ESTROPEAR UN CAFÉ:

✖ almacenar el café en el refrigerador

Ya sea molido o en grano, el café debe almacenarse en un lugar
fresco, pero no dentro del refrigerador que, por lo general,
perjudica, seca, elimina y mezcla los sabores.

✖ hervir el café

Para extraer los aromas naturales del café, el agua de
la preparación debe calentarse no más alto que el punto
de ebullición.

✖ recalentar el café

Siempre prepare sólo lo que va a consumir y sírvalo de inmediato, a menos que prefiera el café con sabor amargo y quemado.

✖ agregar más café a la preparación creyendo que lo hará más fuerte

Contrariamente a la creencia popular, esto no hace al café más fuerte o sabroso, sino solamente más amargo y agrio. En su lugar, mejor cambie de mezcla o tostado.

✖ agregarle leche muy caliente

El azúcar contenido en la leche se caramelizará y alterará el sabor del café. Idealmente la leche debe sólo entibiarse o calentarse con el vaporizador de la máquina expreso.

GRAN CAFÉ DE LA PARROQUIA

GRAN CAFÉ DE LA PARROQUIA
PUERTO DE VERACRUZ

Al parecer, el primer café fundado en tierra mexicana abrió sus puertas hacia 1750. Este lugar, que recoge toda la historia del país, ha sido zona no sólo de intrigas, sino de acción, durante la Intervención Francesa. También se cuenta que, en 1907, trabajadores textileros acordaron en él la huelga de Río Blanco. Hoy día es refugio para periodistas, intelectuales, parroquianos y turistas que piden su «lechero» haciendo sonar su vaso con la cuchara.

«Sólo el café irlandés contiene, en una sola taza, los cuatro grupos alimenticios fundamentales: **alcohol**, **cafeína**, **azúcar** y **grasa**.**»**

Alex Levine

Luis XV

era un ilustre aficionado al café y sin duda el único hombre que podía presumir de beber café proveniente de una plantación francesa. En los invernaderos de Versalles se contaba con un poco más de una docena de cafetos que, a fuerza de cuidados, producían unas cuantas libras al año para deleite del monarca.

CAFÉ GARCÍA
BUENOS AIRES

Desde el año 1900, sus dueños, Hugo y Rubén García, reciben a quienes quieran ver recuerdos atesorados de la vida ciudadana escuchando un tango, jugando una partida de billar, tomando un café o comiendo. El retrato de Carlos Gardel, la camiseta de la selección argentina autografiada por Diego Armando Maradona y muchos más adornan sus paredes.

El café que se cultiva en México proviene de doce estados.

En orden descendente por volumen de producción son: Chiapas, Veracruz, Puebla, Oaxaca, Guerrero, Hidalgo, San Luis Potosí, Nayarit, Colima, Jalisco, Querétaro y Tabasco.

Los más populares provienen de Tapachula, Orizaba, Tuxtepec y Oaxaca. Son muy aromáticos, de alta acidez y cuerpo medio. En las zonas de Oaxaca en las que se cultiva el café de sombra de modo más orgánico, se produce uno de menor acidez y sabor más fresco.

« Si no hay café para todos, no habrá paz para nadie. »

Ernesto «Che» Guevara

De cómo llegó el azúcar al café...

Cuando en el siglo XVII los turcos introdujeron el café en Francia, lo hicieron con poco éxito, pues la bebida fue considerada de mal sabor y detestable. No obstante la amarga experiencia, los lujos y ostentación del palacio en el que se servía el café despertó la curiosidad de toda la nobleza, y esta extravagante maravilla llegó a estar tan de moda que todo aquel que se preciara de su alcurnia y noble cuna estaba obligado a frecuentar el palacio del café. En los salones, entre otros atractivos, había jaulas con pájaros raros, a uno de los cuales una vizcondesa y mañosa mujer se le acercó con el pretexto de ofrecerle un dulce, que dejó caer con un pasmoso descuido dentro su taza. Al parecer este «accidente» pasó desapercibido a los ojos de Solimán y los de sus esclavos; pero al día siguiente, a las damas asistentes al café se les ofrecieron terroncitos de azúcar.

《 Yo creo que las buenas combinaciones ya fueron inventadas y que nada podrá superar al café con leche —su inventor debe haber sido un ser excepcional—, que es riquísimo y que es la combinación por excelencia. **》**

Jorge Luis Borges

Las principales características organolépticas del café son seis: aroma, acidez, cuerpo, sabor, resabio y dulzura.

«París probó —con repugnancia— su primera taza de café

cuando en 1669 el embajador turco, Solimán Aga, lo introdujo, por modo avieso y pintoresco, en la Corte de Versalles. El sultán Mohamed IV lo envió como su representante ante Luis XIV, el Rey Sol, quien lo recibió fría, desdeñosamente; pero procurando apantallarlo: vestido con un traje cuyos diamantes valían catorce millones de libras. El turco, en cambio, se presentó muy

modestamente ataviado; pero había alquilado
un palacio cuya exótica decoración pasmó a
los nobles: maderas perfumadas, luces tenues,
cortinajes, almohadones —ni una silla— para
sentarse, los esclavos morenos les proporcionaban
amplias, ricas batas con qué sentirse cómodos
echados en el suelo, sobre finos tapetes y
servilletas bordadas de oro al presentarles una
bebida oscura, muy caliente, desagradable. **》》**

Salvador Novo

Curiosamente,
ni uno solo de los
países productores
de café figura entre
los primeros **27 países**
consumidores,
con excepción
de Brasil.

«Si tuviera sueños, serían como el humo de mi café.»

Carly Simon

MENSAJERO (BEN FROMMER):

—¡Ay, cómo huele rico ese café! ¿No le parece curioso que el café siempre huela mejor de lo que sabe?

ALBERT ARNETT (WALTER SLEZAK):

—Al ir creciendo, te darás cuenta de que la vida es mucho como el café, el aroma es siempre mejor que la realidad. Que éste sea tu pensamiento del día.

Tomada de la película *Born to Kill* (1947),
dirigida por Robert Wise.

Generalmente el grano de café se tuesta de 10 a 20 minutos a una temperatura que oscila entre los 204 °C y 218 °C.

CONTENIDO DE CAFEÍNA
DE LAS DIFERENTES PREPARACIONES
DEL CAFÉ*

Tipo de café (porción)	Valor medio mg
Café filtrado (150 ml)	115
Café *espresso* (30 ml)	40
Café soluble (150 ml)	65
Café descafeinado (150 ml)	3

* Fuente: International Food Information Council.

Prensa francesa
o de émbolo

Este sistema por demás simple requiere de café recién molido, ése es el secreto para lograr el mejor resultado. El molido es de fino a medio y debe dejarse infusionar el agua y el café por un minuto —mientras más tiempo de infusión, mayor amargor, acidez y cafeína—. El agua debe estar a 95°C para que el café suelte sus aromas y sabor de café fresco. Es mejor servir todo el contenido a una cafetera de porcelana previamente calentada, a la taza o a un termo.

«Detrás de toda gran mujer hay una nada despreciable cantidad de café.»

Stephanie Piro

«Fue en un café donde yo la dejé,
fue en un café donde la abandoné,
fue en un café donde la vi llorar,
fue en un café y no quise escuchar.
Fue en un café.»

«Fue en un café», Los Apson

SERGEANT DENELLO
(JOE MANTEGNA):

—El suero de la
verdad de los pobres
es cafeína y azúcar.

Tomada de la película *Eye for an Eye* (1996),
dirigida por John Schlesinger.

«Dárselas de mucho café con leche.»

Sinónimo de «darse su taco».

CAFEINÓMANOS ANÓNIMOS

el despierto:

la gente dice que no toma café porque luego no puede dormir;
en cambio, yo, dormido, no puedo tomar café.

el edípico:

mamá es ese ser maravilloso que despierta en las mañanas
sin necesidad del aroma del café.

el exagerado:

mi café es tan fuerte que despierta a los vecinos.

el exigente:

el café en Inglaterra no es más que leche tostada.

el impaciente:

la eternidad es el periodo que tarda en estar lista
la primera cafetera de la mañana.

Edward Hopper, *Nighthawks*, 1942.

«Salir del café y ver la luz del sol era como despertarse en medio de un sueño.»

Joseph Roth

El poeta palestino
Mahmoud Darwich
pensaba que no existe el llamado «gusto del café». Cada cual tiene su propio gusto, a tal punto que uno puede juzgar a un hombre y presentir su don de mundo por medio del café que sirve.

« El café es una suerte de club democrático accesible a todos por una módica taza de café, donde cada cliente, por una mínima aportación, puede quedarse, de este modo, viendo pasar las horas, discutiendo, jugando a las cartas, recibir algún conocido, y, sobre todo, leer un sinnúmero de periódicos gratis. **»**

El mundo de ayer, Stefan Zweig

«Uno no ha bebido suficiente café si no es capaz de ensartar la aguja de una máquina de coser… cuando está en movimiento.»

Jeff Bezos

Vernon (Guilford Adams):

—Tienen por lo menos 63 variedades de café aquí, con más de 42 cosas diferentes que agregarle, sólo para obtener un café normal.

Tomada de la película *The Distinct Smell of Red* (2000), dirigida por Jason Kittelberger.

CAFEBULARIO

Diccionario

Cafebulario

café.

Del it. *caffè*, éste del turco *kahvé*, y éste del ár. clás. *qáhwa* que significa «estimulante», como el vino. Semilla del cafeto. // Infusión preparada con dicha semilla.

En algunos países de América, color.

café.

Bebida sin la cual la mitad de los seres humanos jamás despertaría. Bebida con la cual la otra mitad de los seres humanos jamás dormiría. // Fluido indispensable para el *coffee break*. Algunos necios lo llaman *marrón*.

café cantante.

Café amenizado por cantantes y músicos.

café cantante.

Lugar donde puede ocurrir cualquier cosa excepto tomar café.

café concierto.

Teatro donde los espectadores
podían fumar y beber, y cuyo
programa incluía números de canto,
acrobáticos o pantomímicos.

café concierto.

Idem, pero más grande.

café teatro.

Sala de espectáculos en la que a
la vez que se representa una obra
teatral corta, pueden tomarse
consumiciones.

café teatro.

Idem, pero más raro.

café Internet.

Lugar donde se rentan
computadoras.

café Internet.

Lugar donde se rentan computadoras
y no se vende café.

Diccionario	Cafebulario

café, andar de mal.

Andar de mal humor.

café, andar de mal.

Estado de la persona recién levantada
que no ha tomado café todavía.

cafeína.

Alcaloide, con propiedades
cardiotónicas, que se obtiene de las
semillas y de las hojas del café, del té
y de otros vegetales.

cafeína.

Sustancia bipolar, que ingerida
en cantidades moderadas resulta
sumamente beneficiosa, y en exceso,
también.

cafeísmo.

Estado de intoxicación agudo o
crónico producido por ingestión
excesiva de café.

cafeísmo.

Estado al que llega cualquiera que
nunca toma café y de pronto se toma
uno.

cafeinómano.

Dicho de una persona: adicta a la cafeína.

cafeinómano.

Persona que sabe que no puede hacer nada sin un café, que no sería nadie sin el café y que no sería nada de no ser por el café.

cafetal.

Terreno poblado de cafetos.

cafetal.

El paraíso terrenal.

cafetería.

Establecimiento público donde se sirve y se consume café.

cafetería.

Lugar al que se va a chismear, a ligar, a intrigar e, incluso, a tomar café.

cafetín.

Pequeña cafetería.

cafetín.

Lo mismo, pero en un espacio limitado.

«La moda de Racine pasará tan rápidamente como la del café.»

Frase de la no muy acertada Madame de Sévigné,
admiradora de Corneille.

Es curioso que de las ciudades donde más se consume el café de Maragogipe han surgido algunos de los personajes que más influencia ejercieron en el siglo xx: desde el genio de **Albert Einstein**, en Zúrich; pasando por el sabio **Friedrich Hayek**, en Innsbruck; el abominable **Adolf Hitler**, en Essen; y el bueno de **Helmut Kohl**, en Berlín. Todos se levantaban al alba del creador a punta de café —con leche— de las laderas colombianas.

«Escondimos frases mudas entre tazas de café. Emociones divididas y un billete para dos.»

«Frases mudas», Mikel Erentxun

LA CAFETERA ITALIANA
MOCHA ESPRESSO

Funciona sobre la estufa y cuenta con tres
compartimientos, uno para el agua,
que al calentarse eleva la presión
y pasa a través del segundo, donde
se encuentra el café molido, y extrae
los sabores y aromas del café, que pasa
a través de un filtro muy fino que evita
que se cuelen sólidos; el café preparado
es depositado, finalmente, en el tercer
compartimiento. El método es rápido
como para alejarse de la estufa, pero no lo
suficiente para los impacientes que se alejan
y dejan quemar, no sólo el café, sino también la cafetera —pero
se venden repuestos—. El resultado es delicioso y fuerte, pues
es el método que infusiona el café a mayor temperatura.

La composición química de los granos cambia durante el proceso de tostado: el agua se disipa en el grano y una serie de reacciones químicas convierte los azúcares y almidones en aceites, los cuales otorgan al café gran parte de su aroma y sabor. Al ser tostado, el grano aumenta su tamaño al doble, y la caramelización de sus azúcares cambia el color de verde a marrón.

Jc Olivera, *Coffee Cup*, 2007.

Napoleón Bonaparte,

el gran emperador francés, aseguraba que el café lo hacía resucitar, pero que le causaba más dolor que placer y, aún así, prefería sufrir por él que no hacerlo.

Jacques-Louis David
Le Premier Consul franchissant les Alpes au col du Grand-Saint-Bernard, 1800.

PAÍSES CONSUMIDORES DE CAFÉ

En la lista de los países más consumidores de café llama la atención que ninguno se distingue por ser productor —Brasil se encuentra hasta el número 17 como consumidor y productor. México ocupa la posición 72 de todo el mundo. En Europa se consume cerca de 70% de la producción mundial de esta bebida.

Lugar	País	Kg por habitante al año	Tazas al año	Tazas al día
1	Finlandia	12.0	1500	4.10
2	Noruega	9.9	1237.5	3.39
3	Islandia	9.0	1125	3.08
4	Dinamarca	8.7	1087.5	2.97
5	Holanda	8.4	1050	2.87
6	Suecia	8.2	1025	2.80
7	Suiza	7.9	987.5	2.70
8	Bélgica Luxemburgo Aruba	6.8	850	2.32
9	Canadá	6.5	812.5	2.22
10	Alemania	6.4	800	2.19

Fuente: International Coffee Organization (ICO), 2008.

La cafeína es la única droga 100% legal.

«Podría medir mi vida con cucharitas de café.»

T. S. Eliot

BABINGTON'S TEA ROOMS
ROMA

Cada mediodía, desde 1893, el Babington's tiene sobre sus mesas el servicio de té o de café perfectamente preparado. Que siempre haya una taza turquesa con fondo blanco, una cucharilla de plata con un gato grabado y una servilleta de papel roja son el sello de este café. El Babington's Tea Rooms fue fundado con el objetivo de crear un centro de reunión para la numerosa colonia de artistas británicos, como los escritores John Keats y P. B. Shelley.

«Mi lucha por la existencia consiste en que, a la hora del desayuno, sea mucho más importante el aroma del café que las catástrofes que leo en el periódico abierto junto al pan tostado.»

Manuel Vicent

SE ES ADICTO AL CAFÉ SI:

- lo primero que se hace al abrir los ojos es pensar en **tomar café.**

- lo segundo que se hace en el día es **tomarse un café.**

- lo tercero que se hace en el día es despertar, después de **tomar un café.**

- se considera que para realizar cualquier trabajo es preciso, antes, **tomar un café.**

- se mide el **consumo en jarras** en lugar de tazas.

- cuando se toma uno, se está pensando en el **siguiente.**

- se piensa que nadie prepara buen café excepto **uno mismo.**

- nunca se niega a tomar una taza, **no importa la hora.**

- prefiere **no tomar nada** antes que tomar una infusión de canela o manzanilla.

- **niega la adicción:** «¡Pero si sólo me tomo seis tazas al día!».

- se toma un expreso antes de dormir, **¡y se puede dormir!**

- a pesar de sufrir insomnio, se **toma un café en la cena,** o dos o tres...

- asegura que el café no le quita el sueño e, invariablemente, se duerme a las **tres de la mañana.**

- lo último que hace antes de ir a la cama es **poner la cafetera automática** que lo despertará, con su delicioso aroma, al día siguiente.

La **cafemancia** o lectura del café constituye un método adivinatorio muy extendido. Hace tiempo se tenía la percepción de que los pronósticos eran tan acertados que incluso los soldados, antes de entrar en batalla, se hacían leer el café para saber si ganarían la contienda. Grandes generales acudieron a esta práctica que, junto con la lectura del té, conforma lo que se conoce como **taseografía.**

Una manera de preparar una lectura consiste en magnetizar una taza de café con un péndulo o con humo de tabaco. Luego, se toma el café en siete sorbos, se le da vuelta a la taza y se deja reposar por siete minutos y siete segundos. Finalmente, se descifran los símbolos que se dibujen en el fondo y a los lados de la taza.

«El café nos torna serios, profundos, filosóficos.»

Jonathan Swift

147

Café Tacuba
Ciudad de México

Es uno de los más antiguos de América. Fue fundado en 1785 y toma su nombre de la calle en que habita en la ciudad de México. Su bebida es el famoso «lechero», que se prepara en la mesa: en un vaso grueso que alberga una cucharilla, desde dos cafeteras grandes y humeantes, se vierte el café a gusto del consumidor y luego la leche caliente, que al caer de una considerable altura, genera una apetitosa espuma.

«La dueña de casa debe preocuparse de que el café resulte óptimo, y el dueño de que los vinos sean de primera calidad. »

Anthelme Brillat-Savarín

«There's a stain on my notebook
Where your coffee cup was
And there's ash in the pages,
Now I've got myself lost,
I was writing to tell you,
That my feelings tonight,
Are a stain on my notebook...» *

«Black Coffee in Bed», Squeeze

---

* «Hay una mancha en mi libreta, donde estuvo tu taza de café.
Y hay ceniza en las páginas y yo ahora estoy perdido.
Te estaba escribiendo para decirte que mis sentimientos esta noche
sólo son una mancha en mi libreta...»

El papa **Clemente** VIII aseguró que sería un pecado dejar que sólo los ateos disfrutaran de una bebida tan deliciosa como el café y que **«venceríamos a Satanás al bendecirlo por crear una bebida verdaderamente cristiana»**.

MÁQUINA EXPRÉS O *ESPRESSO*

El método de la máquina de *espresso*, por la temperatura que alcanza, la presión del agua y el reducido tiempo que ésta toca el café, produce una bebida inmejorable con deliciosa espuma que desde el primer sorbo hace posible palpar la esencia del grano. El único inconveniente es el espacio que la maquinita ocupa en la cocina... pero a un verdadero adicto eso le importa un bledo.

VERBAL (KEVIN SPACEY):

—Cuando trabajaba cosechando granos en Guatemala, solíamos hacer café fresco directo de los árboles; eso era buen café. No esta mierda. Pero bueno, estamos en una estación de policía, ¿no?

Tomada de la película *The Usual Suspects* (1995), dirigida por Bryan Singer.

«En un sentido, la cafeína es la droga que hizo posible al mundo moderno.»

T. R. Reid

En México
el consumo
per capita
de café no llega
ni a un kilo
al año, lo que
equivale a
0.41 tazas
al día.

Más afirmaciones de
CAFEINÓMANOS ANÓNIMOS

el individualista:
un auténtico bebedor de café sabe *espressar* su fuero interno.

el inquisidor:
el café descafeinado es la mezcla del Diablo.

el insatisfecho:
el café nunca fue para mí un placer completo; siempre al estar tomando una taza, por más delicioso que fuera su contenido, ya estaba pensando en la taza siguiente.

el jubilado:
el retiro no es otra cosa que un *coffee break* interminable.

el instructivo:
humano instantáneo, sólo agregue café.

JOHNNY (STERLING HAYDEN):

—No hay nada
como un buen cigarro
y una taza
de café.

Tomada de la película
Johnny Guitar (1954),
dirigida por Nicholas Ray.

Voltaire

es conocido como uno
de los más famosos
bebedores de café,
se decía que bebía la
estratosférica cantidad de
50 a 72 tazas al día.

«One more cup of coffee for the road. One more cup of coffee 'fore I go to the valley below.» *

«One More Cup of Coffee»,
Bob Dylan

* «Otra taza de café pa'l camino, una taza más antes de irme, abajo al valle.»

EL CAFÉ EN FRANCIA
SE ASOCIA A LA VIDA PARISINA:

«Un café et un croissant, si'l vous plaît»

/ãkafé eãkʀwasã sìvuplέ/

es la frase que evita morir de inanición si, estando de visita, no se conoce el idioma.

«No tuestes
tu café
en el mercado.»

O lo que es lo mismo:
no reveles tus secretos a los extraños.

Dicho de los nómadas oromos.

...Cuando ella falta a la cita, por una razón o por otra, ¡al café!

Cuando tus zapatos están desgastados y destrozados, ¡al café!

Cuando tus ingresos son de cuatrocientos y tú gastes quinientos, ¡al café!

Tu ambición sólo te lleva a buscar el éxito, en cambio, sólo eres un calentador de sillas en ¡el café!

Si no puedes encontrar a tu alma gemela, ¡al café!

Si estás cerca de cometer suicidio, ¡al café!

Odias y desprecias al ser humano, y al mismo tiempo, no podrías ser feliz sin él, ¡al café!

Escribes un poema en el que evitas herir a los amigos que conoces en la calle, ¡al café!

Cuando el cubo de carbón está vacío, y tu radiador de gas exhausto, ¡el café!

Cuando fuiste lanzado de tu casa y no tienes dinero para pagar y poder regresar a ella, ¡al café!

Cuando te haces de una nueva amante, e intentas provocar a la antigua, llevas a la nueva donde la antigua, ¡al café!

Cuando quieres esconderte, te sumerges en ¡el café!

Cuando quieres ser visto con tu traje nuevo, ¡al café!

Cuando no puedes confiar en nada ni en ningún sitio, ¡al café!

«Al café», Peter Altenberg

《 I gave up coffee and cigarettes
I hate to say it hasn't helped me yet
I thought my problems would just
dissipate. And all my pain would be
in yesterday... **》** *

«Coffee and Cigarettes»,
Michelle Featherstone

---

* «Ya dejé el café y el cigarro, y odio decir que eso no me ha servido de nada.
Pensé que todos mis problemas se disiparían y
que mi dolor quedaría atrás…»

«El café lleva al hombre a desperdiciar su tiempo, a quemar su cuerpo y a gastar su dinero, todo por una pequeña, básica, negra, espesa, desagradable, amarga, apestosa y nauseabunda taza de agua de charco.»

Tomado de *La petición de las mujeres contra el café*, edicto de 1674.

Aún se puede percibir en el pequeño local llamado
Café Brasileira, en Lisboa, el aroma de otros
tiempos, en los que un hombre menudo con gafas
de concha y eterno sombrero, Fernando Pessoa,
escribía lo mejor de su poesía, acompañado por su
inseparable taza de café.

«They said there's too much caffeine in your bloodstream and a lack of real spice in your life.»*

«A Rush and a Push and the Land is Ours»,
The Smiths

* «Dicen que hay mucha cafeína en tu sangre y
una falta de chispa verdadera en tu vida.»

«Si eso es *café*, por favor tráiganmelo ya. Si eso es *ya*, por favor tráiganme un café.»

Abraham Lincoln

MEG SWAN (PARKER POSEY):

—Nos conocimos en el Starbucks; bueno,
no en el mismo Starbucks, sino que nos
vimos en la acera de enfrente desde
Starbucks diferentes.

Tomada de la película *Best in Show* (2000),
dirigida por Christopher Guest.

LAS «CINCO EMES» DE LA PREPARACIÓN:

materia prima:

contar con grano de calidad, fresco y bien conservado.

molido:

moler el café al momento de la preparación y hacerlo del grosor
adecuado para la cafetera que se vaya a usar.

mano:

—difícil de encontrar— es el factor humano, la habilidad y magia
que se tiene para preparar el café.

máquina:

la mejor que se pueda tener.

mantenimiento:

cuidar la máquina y sus implementos, limpiarlos sin usar jabones,
fibras o productos que dejen residuos o maltraten las piezas.

«Qué desamparado se siente uno cuando tiene una taza llena de café en la mano y comienza a estornudar.»

Jean Kerr

Arthur Rimbaud,

el gran poeta maldito, que completó *Una temporada en el infierno* a los 20 años, poco después se retiró de la poesía y se instaló en Harrar, Etiopía, en busca de acción, peligros, aventura y dinero. Allí se convirtió en comerciante de café, uno lo suficientemente loco como para arriesgar su vida por el grano.

«El poder de la mente del hombre es directamente proporcional a la cantidad de café que bebe.»

James Mackintosh

A pesar de que México es un importante productor de café, hasta hace poco era difícil encontrar un café bien hecho y en la mayor parte del país no existe cultura del café. Muestra de ello es el diálogo que sostuve con el mesero de un restaurante de carnes y antojitos, un día que mi novio y yo estábamos en la Feria de Texcoco, y a mí se me antojó un café:

—¿Me puede traer un café americano?

—Déjeme ir a preguntar.

Regresa y, muy compungido, me dice:

—No, señora: nomás tenemos Nescafé, pero ése es mexicano, oiga.

PGB

Durante el tostado,
cuando el grano truena,
es que ya está listo:

un tueste estándar
necesita de tres
«tronidos».

«...Ojalá que llueva café en el campo,
sembrar un alto cerro de trigo y mapuey.
Bajar por la colina de arroz graneado
y continuar el arado con tu querer.
Ojalá el otoño en vez de hojas secas
vista mi cosecha de *petit-salé*
sembrar una llanura de batata y fresas
ojalá que llueva café...»

«Ojalá que llueva café»,
canción popular dominicana.

176

«Es en el café donde me siento más español que nunca.»

Santiago Ramón y Cajal

MITOS Y **VERDADES**

Se suele decir que **el café es peligroso**; sin embargo, según un estudio de la Universidad de Georgia, en Atenas, una taza de esta bebida por la mañana puede ser antídoto para el malestar muscular después de hacer ejercicio.

¿El café es dañino durante el embarazo? Según el *British Medical Journal*, su consumo moderado no perjudica la salud en esta etapa ni afecta el desarrollo del bebé, pero se sugiere no tomar más de una o dos tazas diarias.

Está comprobado que **el café contiene cuatro veces más componentes beneficiosos** para la salud que otras bebidas de origen natural, gracias a la gran cantidad de antioxidantes que atesora y que interviene en el retraso del proceso de envejecimiento celular.

Según varios estudios sobre la materia, consumir café de forma moderada **reduce en cinco veces la posibilidad de sufrir Parkinson**.

Según el estudio, el café molido de los distribuidores automáticos contiene «**cafestoína**», sustancia que provoca un aumento de los niveles de colesterol en la sangre.

Un estudio publicado por la revista *American Journal of Epidemiology* señala que no existe relación entre el consumo de café y el **riesgo de infarto**.

La FDA* de los EE.UU. considera que una ingesta normal de cafeína, del orden de 300 mg/día en los adultos sanos, no implica **riesgos para la salud**.

---

* Food and Drug Administration.

Café El Jarocho

LA TRADICION DE COYOACÁN DESDE 1953

EL JAROCHO DE COYOACÁN
CIUDAD DE MÉXICO

Es una cafetería que tiene más de 50 años de existencia. Se trata de un espacio *sui generis*, porque en él no hay mesas, no hay tertulia ni enchufes para la computadora, sólo hay gente de todo tipo tomando café sobre la banqueta, en vasos de unicel; también venden donas, y no hay café descafeinado. Seguramente uno que otro famoso lo frecuenta, pero el anonimato es lo que más cuenta en él.

**See I don't like coffee at all
But I drink some for you
I wanna have a drink with you
So I'll go anywhere you want me to.** *

«I Don't Like Coffee», Tommy Reilly

---

* «Mira, a mí no me gusta el café para nada pero tomaré por ti;
quiero tomar algo contigo, así que iré a cualquier parte a donde me lleves.»

Se cuenta que el poeta vienés Peter Altenberg era asiduo al tradicional Café Central en Herrengasse, Viena, en el cual ocupaba siempre la misma mesa, pues lo consideraba como su propia casa, tanto, que ahí mismo recibía su correspondencia. En este lugar tuvo la feliz ocurrencia de escribir algunas reglas para conducirse decorosamente dentro del café —por supuesto dirigidas a sí mismo y a muchos de sus colegas, bohemios y otros intelectuales, también perpetuos parroquianos—, que fueron tomadas un poco en serio y un poco en broma, como esta que dice:

«Queda prohibido cortarse las uñas en la mesa, ya sea con las tijeras tradicionales traídas para tal efecto, o con un cortaúñas moderno, ya que las uñas pueden ser, asimismo, propulsadas a los tarros y tazas de café, y sacarlas de ellos resulta una maniobra sumamente complicada e incómoda».

>> Oooh, good coffee
Strong coffee
I need to have some
Oooh, good coffee
Strong coffee
Ooo cappuccino
Double espresso
I need something with
A really big kick
You ask me about creamer
You ask me about sugar
I tell you those things make me sick... >>*

«The Coffee Song», Jars of Clay

*«Oh mi buen café, café fuerte, necesito tomarme uno. Oh mi buen café. Oh capuchino, expreso doble, necesito uno, un buen levantón. Me preguntas por la crema y por el azúcar, y yo te digo que esas cosas me enferman...»

184

En el siglo XV se decía que el café era medicinal:

«expulsa los vientos, tonifica el hígado, alivia a los hidrópicos por su naturaleza purificadora. Excelente para la sarna y la corrupción de sangre; refresca el corazón y su latido vital; alivia dolores de estómago y devuelve el apetito; es bueno para las indisposiciones de cerebro frías, húmedas y penosas. El humo que desprende es bueno contra los flujos oculares y los zumbidos de oídos. Resulta excelente para el ahogo, los catarros que atacan al pulmón, los dolores de riñón y las lombrices; es un alivio extraordinario después de haber bebido o comido demasiado...**»**.

« Los enemigos del café pierden el tiempo y sólo revelan con su enemistad que quieren la tertulia sórdida donde no puedan ser juzgados tan espléndidamente como en el café. »

Biografía del célebre café y de otros cafés famosos,
Ramón Gómez de la Serna

MÁS AFIRMACIONES DE
CAFEINÓMANOS ANÓNIMOS

el noctámbulo:
ni todo el café de Chiapas haría de mí una persona diurna.

el perseverante:
renunciaría al café, ¡pero yo nunca renuncio!

el pesimista:
en cuanto te sientes con tu taza de café, tu jefe te pedirá que hagas
algo que durará exactamente lo necesario para que se enfríe.

« ¡Qué ojos los que iluminé,
qué trilogía formamos
los pobres que limosneamos
el Poeta y su café…! »

«El café», Nicomedes Santa Cruz

Henri Matisse, *Lorette à la tasse de café*, 1916-17.

«Si usted quiere mejorar su comprender, beba café, que es la bebida de los inteligentes.»

Sydney Smith

EL CAFÉ DE OLLA
ES TRADICIONAL EN MÉXICO

Es una bebida con alto contenido calórico, deliciosa y fácil de hacer. El piloncillo con el que se endulza resulta esencial en su preparación, ya que el azúcar no lo sustituye ni aporta el mismo sabor; además, se debe preparar en una olla de barro —de ahí su nombre.

Al parecer, este café nació a la luz de las hogueras revolucionarias, en las que las soldaderas idearon una bebida para revitalizar a sus hombres; para tal efecto, agregaban de vez en cuando el muy famoso y nada despreciable «piquete tequilero», no con el propósito de emborracharlos, sino de darles energía y quitarles el frío.

Modo de preparación:

Para hacerlo, se pone a hervir un litro de agua al que se le agregan una raja grande de canela, un clavo de olor y piloncillo al gusto —hay recetas que recomiendan cáscaras de naranja o extracto de almendras o vainilla o, mejor aún, chocolate de metate; en este caso, se debe mover constantemente para que este último se disuelva y no se pegue en el fondo—. Una vez que hierve, se pasa por un colador y se vuelve a hervir por dos minutos más, se retira del fuego y, entonces, se agregan cuatro cucharadas de café molido grueso y se deja reposar cuatro minutos. Si se le ha de poner tequila, pues que se le ponga.

«El café, de acuerdo con las mujeres de Dinamarca, es para el cuerpo lo que la palabra de Dios es para el alma.»

Karen Blixen

En una finca de café de sombra es más fácil cultivar café orgánico, ya que la producción y la conservación van de la mano: los árboles que rodean al cafeto evitan la erosión del terreno y generan algunos nutrientes; además, con la misma pulpa y cáscara que salen de la cereza, se produce composta.

El tipo y receta de cada bebida requiere una taza especial, pues han sido concebidas para resaltar los sabores, las sensaciones y la experiencia de consumo:

Espresso

Espresso Macchiato

Espresso con Panna

Latte o lechero
- ESPUMA
- LECHE CALIENTE
- ESPRESSO

Flat white o café con leche
- LECHE CALIENTE
- ESPRESSO

Cortado largo
- ESPUMA
- LECHE CALIENTE
- ESPRESSO

Capuccino
- ESPUMA
- LECHE CALIENTE
- ESPRESSO

Mocha
- CREMA BATIDA
- LECHE CALIENTE
- JARABE DE CHOCOLATE
- ESPRESSO

Espresso doble
- ESPRESSO

Espresso Lungo
- AGUA CALIENTE
- ESPRESSO

Irlandés
- CREMA BATIDA
- LECHE CALIENTE
- WHISKEY
- ESPRESSO

Vienés
- CREMA BATIDA
- LECHE CALIENTE
- AMARETO
- ESPRESSO

«One day, this may find you, these few words may just remind you. We sat here together just to pass time; you said how the coffee tasted so fine. **»***

«The Coffee Song», Cream

*«Un día esto te va a llegar. Estas pocas palabras te van a recordar que tú y yo nos sentábamos a ver pasar el tiempo y tú siempre decías qué bien sabía ese café.»

«Echó café en la taza. Echó leche en la taza de café. Echó azúcar en el café con leche. Con la cucharilla lo revolvió. Bebió el café con leche. Dejó la taza sin hablarme. Encendió un cigarrillo. Hizo anillos de humo. Volcó la ceniza en el cenicero sin hablarme. Sin mirarme se puso de pie. Se puso el sombrero. Se puso el impermeable porque llovía. Se marchó bajo la lluvia. Sin decir palabra. Sin mirarme. Y me cubrí la cara con las manos. Y lloré.»

«Desayuno», Jacques Prévert

BENEFICIOS

Según un estudio realizado por la Universidad de Vanderbilt, beber de **tres a cuatro tazas diarias** de café proporciona los siguientes beneficios:

estimula funciones cerebrales: la memoria, la atención y la concentración.

aumenta la energía física sin causar dependencia.

ayuda a prevenir el consumo de **drogas y alcohol.**

mejora el **humor.**

aumenta en 10% el **rendimiento escolar.**

no engorda
—¡claro, si se consume sin azúcar y sin crema!

Joe Fox (Tom Hanks):

—El objetivo principal de los lugares como Starbucks es que la gente que no tiene ningún poder de decisión pueda hacer seis decisiones en un minuto sólo para obtener un café: alto, corto, *light, decaf, non-fat,* etcétera. Así, esos que no saben qué diablos están haciendo o quién diablos son en este mundo, pueden, por sólo 2.75 dólares, no solamente obtener una taza de café, sino una respuesta definitiva y absoluta de su ser: alto, *capuccino*, descafeinado.

Tomada de la película *You've Got Mail* (1998),
dirigida por Nora Ephron.

«Él era mi crema,
yo era su café y cuando
nos ponías juntos,
era realmente bueno.»

Josephine Baker

MÁS AFIRMACIONES DE
CAFEINÓMANOS ANÓNIMOS

el realista:
el sueño es sólo un síntoma de la privación de café.

•

el reivindicador:
la cafeína no es una droga… ¡es una vitamina!

•

el rencoroso:
ni amigo reconciliado ni café recalentado.

•

el metafísico:
¿existirá vida antes del café?

EL CAFÉ Y LA PROBABILIDAD

Cuentan que una vez Blaise Pascal y Pierre Fermat estaban en un café de París discutiendo sobre diversos problemas; sin lograr ponerse de acuerdo decidieron jugarlo a la suerte y apostar dinero al resultado. Se resolvió que el juego consistiría en arrojar una moneda a cara o cruz. Antes de darse por satisfechos, Fermat tuvo que irse para atender otros asuntos, pero Pascal no se quedó conforme, lo que lo condujo a analizar el juego y los resultados para saber si de verdad, de verdad, había vencido a Fermat. El resultado de ese análisis que ambos elaboraron juntos, en 1654, sentó las bases de lo que hoy conocemos como Leyes de la Probabilidad.

«El café es el mejor líquido que se puede derramar sobre el amanecer.»

Drew Sirtors

EL VIEJO PEREGRINO Y SU BASTÓN

Era un viejo peregrino que se había consagrado a la oración. En su andar no había encontrado nada para alimentarse y se sentía desfallecer; para no caer, plantó su bastón firmemente en la tierra. Cuando el santo varón volvió en sí, experimentó una extraña sensación de bienestar.

Descubrió, entonces, que su bastón había florecido; estaba cubierto de hojas y tenía unas bayas rojas y dulces poco carnosas, pero que, al comerlas, le hacían sentir muy bien.

«El café hace sabios hasta a los políticos porque les permite ver a través de sus ojos medio cerrados.»

Alexander Pope

Los granos tostados claros tienen un sabor más intenso y son más altos en acidez que los oscuros, que contienen un poco menos de cafeína, aunque también tienen un menor periodo de conservación, debido a la cantidad de aceites en la superficie.

El café ayuda a prevenir enfermedades:

- **reduce** en 30% la probabilidad de desarrollar diabetes.

- **previene** el cáncer de colon.

- **alivia** dolores de cabeza.

- **disminuye** la incidencia de depresión y suicidios.

- **contrarresta** la aparición de cirrosis en los bebedores.

- **reduce** la incidencia del mal de Parkinson en 80%.

- **ayuda** a disminuir la infertilidad masculina.

MI MAMÁ PREPARABA EL PEOR CAFÉ DEL MUNDO...

Llenaba de agua una jarra de peltre, le vaciaba dos sobres de café Legal, encendía la hornilla y dejaba que eso hirviera... e hirviera. Después de un rato, lo apagaba. Antes de la merienda, ponía a recalentar el bebedizo y lo servía. El resultado: un potaje espeso, tatemado, amargo como la hiel y negro como el petróleo crudo, que dejaba un poso digno de un practicante de cafemancia. Años después bebí un café «decente» y me di cuenta de que aquello no era café: **era una inmoralidad.**

RPV

«A huit heure moins le quart,
Faut bien l'avouer,
Les bureaux sont vides,
on pourrait s'ennuyer
Mais je reste calme,
Je sais m'adapté
Le temps qu'ils arrivent,
J'ai le temps pour un café.**»** *

«Le Café», Oldelaf et Monsieur D.

---

* «A las ocho menos cuarto, las oficinas están vacías y uno se aburre.
Pero mantengo la calma, sé cómo adaptarme, en lo que los demás
llegan, tengo tiempo para un café.»

Luego de su muerte, el millonario
Solomon R. Guggenhein
dejó como herencia la colección privada de arte
contemporáneo más valiosa del mundo. Su recinto
en la Quinta Avenida de Nueva York, diseñado
en 1942 por el arquitecto Frank Lloyd Wright,
incluye un café cuya vajilla y salón fueron
diseñados por el artista Krups.

«No hay ningún café
bueno al gusto
que no sea bueno
a la nariz.»

Henry Ward Beecher

En las regiones
cafetaleras de
la sierra de Oaxaca,
el café molido
se agrega
al agua fría
junto con
sus buenas
cucharadas de
azúcar, y se
calienta hasta
que hierve.

CHARLIE KAUFMAN (NICOLAS CAGE):

—Para empezar, para empezar... ¿cómo empiezo? Tengo hambre, debería hacerme un café, un café me ayudaría a pensar... pero antes debo escribir algo y... luego, como premio, un café... un café y un panqué.

Tomada de la película *Adaptation* (2002), dirigida por Spike Jonze.

«El café y el tabaco son el reposo pleno.»

Proverbio turco

«Yo orquesto mis mañanas con la tonada de mi café.»

Harry Mahtar

«Siempre detesté los típicos cafés vieneses, célebres en el mundo entero, porque todo en ellos me chocaba. Por otra parte, al pasar de las décadas terminé por sentirme en el Bräunerhof como en mi propia casa, precisamente porque todo en él me choca como en todos los otros cafés vieneses.**»**

El sobrino de Wittgenstein, Thomas Bernhard

Karen Walker (Megan Mullally):

—Yo ya dejé el café, no va a ser fácil. No va a ser fácil tomarme mi Bailey's derecho, pero igual me voy a acostumbrar. Va a seguir siendo la mejor parte de mis mañanas.

Tomada de la serie *Will and Grace* (1998-2006), de David Kohan y Max Mutchnick.

CAFÉ LA HABANA
CIUDAD DE MÉXICO

Abrió sus puertas en 1954, en las calles de Bucareli y Morelos, a personajes de la historia y la literatura latinoamericanas. Este café curiosamente fue la cuna del movimiento poético infrarrealista y de la revolución cubana pues, entre café y café, Fidel Castro y Ernesto «Che» Guevara fraguaron el desembarco del *Granma*. Juan Rulfo, Tito Monterroso, Roberto Bolaño o Ramón Rocha Monroy han pasado tardes y noches enteras discutiendo en este café que sólo cerraba sus puertas durante media hora para realizar la limpieza general.

LAS PARTES DEL GRANO

a. Epicarpio, piel exterior
b. Mesocarpio, pulpa
c. Musílago, capa de pectina que recubre al grano
d. Endocarpio, capa pergaminosa
e. Tegumento
f. Endosperma

«One cup of coffee, then I'll go;
Though I just dropped by to let you know.
That I'm leaving you tomorrow;
I'll cause you no more sorrow:
One cup of coffee, then I'll go.» *

«One Cup of Coffee», Bob Marley

---

*«Una taza de café más y me voy. Sólo pasé para decirte que me voy mañana, para ya no hacerte sufrir más. Sólo una taza más.»

«El descubrimiento del café fue, a su manera, tan importante como la invención del telescopio o del microscopio… Gracias al café se intensificaron y modificaron de una forma impredecible las capacidades y las actividades del cerebro humano.»

Heinrich Edouard Jacob

LA GENTE NO SABE TOMAR CAFÉ

En las comidas familiares, esas que se hacían en los buenos tiempos, con mesa larga y toda la familia presente, a la hora del café, la anfitriona —que siempre hacía un café muy «aguadito»— iba poniendo azúcar —blanca y finita— en cada una de las tazas y las iba pasando a todos los comensales: esposo, hijos y nietos.

El tío Fernando —campechano de nacimiento, que había vivido en Nueva York y se preciaba de ser un tomador profesional de café, catador de las mejores mezclas y conocedor del café de altura— presenciaba, todos los domingos, el despreciable endulzamiento de tan deliciosa bebida y a gritos decía algo así como:

—¡No puedo creerlo! Definitivamente la gente no sabe tomar café. ¿Cómo es posible que lo echen a perder de esa manera, endulzándolo y quitándole su sabor y su aroma originales? ¿Cómo es posible que prefieran el sabor del azúcar al del café? Yo llevo 40 años tomando café y jamás lo he endulzado. El buen tomador de café lo toma solo.

Uno de esos domingos, entre el ajetreo de la sobremesa, los gritos de los niños en el jardín y la acalorada discusión de los señores —sobre si los Yankees habían perdido la serie mundial del 28 porque no bateó Babe Ruth y cosas por el estilo—, una de esas tazas endulzadas llegó por equivocación al tío Fernando, quien, sin darse cuenta, le dio un gran sorbo. De inmediato gritó furioso, interrumpiendo la discusión y llamando la atención de todos los comensales:

—¡No puede ser! ¡Esto es inaudito! ¡Inconcebible! ¡No lo puedo creer! Estaba equivocado. ¡Llevo 40 años viviendo en el error! No cabe duda de que el café sabe «mucho mejor» con azúcar.

MPMOS

«Te veo tomando café
como desde hace
tantos años
y me resulta inevitable
decirte que te amo.»

«Tomando café», Fernando Delgadillo

《Es inhumano, creo yo, forzar a la gente que tiene una genuina necesidad médica de café, a hacer cola, atrás de otras personas que ven el café como una golosina recreativa. Yo apuesto que esto no les pasa a los adictos a la heroína. Cuando un adicto a la heroína va por su droga, seguro no tiene que tolerar que un villamelón delante suyo ordene cinco *smack-a-cino* con chispas de chocolate y canela.》

Dave Barry

«¡Lo mismo que el café,
que el amor, que el olvido!
Que el vértigo final
de un rencor sin porqué...
Y allí, con tu impiedad,
me vi morir de pie,
medí tu vanidad
y entonces comprendí mi soledad
sin para qué...
Llovía y te ofrecí, ¡el último café!**»**

«El último café», Cátulo Castillo

« [En] un café muy ajetreado [...] hay que portarse mosca o ardilla para asestar un pedido al mozo de turno que pasa como Mercurio entre las mesas, con alas en los pies. El Coco pide: "Por favor un café pero sin crema..." El mozo tarda y tarda y al final le consulta: "Señor, ¿su café puede ser sin leche? Porque la **crema se nos acabó".** **»**

Ramón Rocha Monroy

Roy Lichtenstein,
Ceramic Sculpture 2, 1965.

«El uso generalizado de alimentos y bebidas con cafeína —combinado con la intervención de la luz eléctrica— permitió a la gente hacer frente a un horario controlado por el reloj y no por la luz del día.»

Charles Czeisler

« La cafeína se hizo necesaria cuando el hombre cambió sus hábitos de sueño y dejó de levantarse "al alba del creador". No es coincidencia entonces que el café se pusiera de moda durante la Revolución Industrial, pues le daba energía a los obreros e incluso evitaba enfermedades. **»**

Lorenza Torrente Alba

«Un matemático es aquella máquina que puede convertir café en teoremas. »

Paul Erdos

MÁS AFIRMACIONES DE
CAFEINÓMANOS ANÓNIMOS

el lógico:
si no tiene cafeína, no es café.

el manchado:
¿tus documentos? ¿te refieres a esos papeles que me diste
ayer con los que limpié mi café de la tarde?

el megalómano:
con suficiente café podría dominar al mundo.

el megalómano con variante
arquimédica:
denme un café de apoyo y moveré al mundo.

«All I do is drink black coffee since my man's gone away...» *

Ella Fitzgerald

*«Todo lo que hago es tomar café negro, desde que mi hombre se fue...»

Café Lhardy
Madrid

Desde 1839, diversas figuras de la literatura, la música y las artes plásticas —como Azorín, Pío Baroja, Ramón Gómez de la Serna, Federico García Lorca, Antonio Machado, Jacinto Benavente, Vicente Blasco Ibáñez, Joaquín Sorolla, Julián Gayarre y Mariano Benlliure— fueron a beber café ahí. En una de sus mesas de caoba, Manuel Azaña decidió nombrar a Niceto Alcalá Zamora presidente de la II República.

«La buena comunicación es tan estimulante como el café y después de ella es igual de difícil conciliar el sueño.»

Anne Morrow Lindbergh

Solamente en un país como los EE. UU. puedes comprar una taza de café del tamaño de una cubeta con cualquier otro sabor que gustes que no sea el del café.

LUIS MANUEL (VÍCTOR MANUEL MENDOZA):

—¿Me vas a endulzar el café?

LUPITA (MARGA LÓPEZ):

—No sólo el café, te voy a
endulzar la vida.

Tomada de la película *Los tres García* (1946),
dirigida por Ismael Rodríguez.

«No tomo café al mediodía: me mantiene despierto toda la tarde.»

Ronald Reagan

LO QUE HACE UNO POR NO SABER TOMAR CAFÉ

- **café con caramelo:** jarabe de vainilla, leche al vapor, cubierto con espuma de leche, un *shot* de *espresso* y bañado con jarabe de caramelo.

- *capuccino frappé*: café con leche licuada con hielo molido; esta «golosina» también se vende embotellada.

- **café helado:** es lo mismo que el anterior pero el hielo está entero, además se pueden elegir sabores distintos al normal: café *latte*, *mocha* y otras más.

- *afogatto al caffe*: una bola de helado de vainilla «ahogada» en un *shot* de café *espresso*.

- **javachip:** de composición sospechosísima, tiene todo, menos café; eso sí, está coronado con crema batida y chips de chocolate.

- **smack-a-cino** no sé sabe qué es, pero suena bien.

En México, el café ocupa el primer lugar como producto agrícola generador de divisas y empleos en el medio rural.

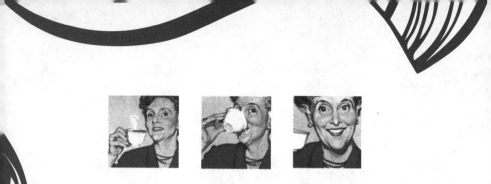

«Gracias a Dios en el más allá no habrá café y en consecuencia no habrá que esperar por él.»

Immanuel Kant

coffee

En la ciudad de Nápoles, entre la población asidua al café, se practica una costumbre que se denomina *caffè sospeso*. Consiste en ordenar y pagar dos cafés, y beber sólo uno, para que así, cuando se presente un indigente o una persona menos afortunada y pregunte si hay algún *caffè sospeso* —«en suspenso»—, pueda beberlo como cortesía del cliente que pagó por él.

«En el café de Chinitas
dijo Paquiro a su hermano:
"Soy más valiente que tú,
más torero y más
gitano". »

«El café de Chinitas»,
Federico García Lorca

«Los buenos amigos no dejan que sus amigos beban Starbucks.»

Escrito en la pared de un cafetín de San Diego.

« He tratado de mostrar al café como un lugar donde uno puede volverse loco. **»**

Vincent van Gogh

Terraza del café de la Place du Forum en Arlés por la noche, 1888.

En Bielorrusia, los encuentros alrededor del café suelen ser más ardientes que los del alcohol, pues el café es considerado un afrodisiaco que sirve para «mantenerse en forma».

CAPTAIN KATHRYN JANEWAY
(KATE MULGREW):

—Café: la mejor suspensión
orgánica jamás inventada.

Tomada de la serie *Star Trek: Voyager* (1995),
de Rick Berman.

OTRAS PREPARACIONES CON CAFÉ

licor de café:

por ejemplo, el Kalhúa y todos los cocteles que con él se preparan,
como los rusos, el blanco y el negro.

•

café con otros licores:

por ejemplo, el licor del 43 con un café *espresso*
es sencillamente seductor.

•

con chocolate:

lo mejor son los granos de café enteros cubiertos por chocolate amargo.

•

en platillos salados:

como el *carpaccio* de res con vinagreta de café o el lomo
de res adobado al café.

UN LARGO CAMINO

«Los etíopes estaban tomando café mientras que los europeos se desayunaban con cerveza.»

S. L. Allen

s. X a. C. El café es descubierto en Abisinia, Etiopía. Llega a Yemen el nuevo «vino del Islam»; el de uva está prohibido a los musulmanes.

1300 d. C. Según A. Chevalier, que publica en 1929 *Les cafeiers du globe*, el café se cultivó en Arabia por primera vez en el siglo XIV.

s. XV. El café causa furor en el mundo árabe como bebida medicinal.

1511 y 1532. Se prohíbe su consumo por demanda de ortodoxos y conservadores en La Meca en 1511 y en el Cairo en 1532, pero su popularidad obliga a las autoridades a anular el decreto.

1554. Dos hombres sirios, Shems y Heleem, abren el primer café en Constantinopla —hoy Estambul—. No se aceptan mujeres, así que el consumo del café está reservado sólo a los hombres.

Como consecuencia de las invasiones musulmanas a manos de Solimán «el Magnífico», su negra bebida se da a conocer en los Balcanes, Europa central, España y el norte de África.

1570. Sacerdotes mahometanos declaran al café «bebida alcohólica» y, por lo tanto, prohibida por el Corán.

1583. Leonhard Rauwolf, médico alemán que pasó diez años en el Medio Oriente, fue el primero en describir el café: «Es tanto una bebida como una tinta, útil contra gran cantidad de males […]. Se compone de agua y del fruto de un arbusto llamado Bunnu».

1615. Los mercaderes venecianos importan café a Europa que traen desde el puerto yemenita de Al Mukha, por lo que denominan a esta variedad *Caffé Mocha*.

Se abren los primeros cafés que en Inglaterra llamaron *coffehouse*, *café* en Francia y en España. A mediados del siglo XVII, en las tertulias de México y Perú, los llamaron *cafetería*.

Los marinos holandeses e ingleses llevan la planta a sus colonias dispersas por todo el mundo.

1625. Los cafés son frecuentados por filósofos, literatos e intelectuales. Se convierten en el lugar ideal para hacer circular panfletos y manifiestos de las nuevas ideas.

1650. En el Ángel, en la Parroquia de San Pedro de Oxford, se inaugura el Café del Ángel, que posiblemente sea el primero en Europa.

1669. El embajador de Turquía, Solimán Aga, presenta e introduce el café a la corte de Luis XIV.

1676. En Inglaterra se desata tal agitación en los cafés que el procurador del rey ordena su cierre. La reacción de la gente obliga a revocar la orden del rey. El flujo de ideas alimentadas por el café modificó profundamente al Reino Unido. Para 1700 existían cerca de 2000 establecimientos.

1689. Se abre en Boston, Massachusetts, el primer café de América. La bebida se posiciona rápidamente como la bebida nacional, después de que rebeldes del Boston Tea Party lanzaran al mar la carga de té, suceso planeado en el café Dragón Verde.

El italiano Procoplo del Costelli idea en París un lujoso café. Pronto se vuelve el punto de reunión de las figuras literarias de la época. Él mismo inventa una nueva manera de preparar el café: en lugar de dejarlo asentarse, crea la primera percoladora en la que el agua caliente se filtra del grano ya convertida en café.

1696. Se cultiva el café en Sumatra, Java, Bali y las Filipinas llevado por marinos holandeses. Se introduce la bebida a Rusia.

1702. Los cafés eran establecimientos austeros, equipados con una gran barra atendida por mujeres que servían y preparaban el café. Esto ocasionó que se llamara a quienes sirven el café «barista».

1714. Luis XIV hace plantar en el Jardín Real un cafeto ofrecido por el burgomaestre de Ámsterdam, se considera que este arbusto es el ancestro de millones de cafetos.

Con el propósito de aprovisionarse libremente y al costo más conveniente, el rey encarga a Gabriel Mathieu de Clieux, oficial de la marina francesa, plantar un cafeto —con el cual comparte su ración de agua durante el viaje en barco— en las Antillas. Es en la zona de Bourbon donde la planta se dio exitosamente y de donde toma su nombre la conocida especie «Café Bourbon».

1727. La esposa del gobernador de la Guyana, seducida por un sargento mayor brasileño, le confiesa los secretos de la planta del café. Así se crea la primera plantación en Brasil, establecida por Francisco de Mello Palheta. Un siglo más tarde, este país se convertiría en el mayor productor del mundo, posición que ha mantenido cerca de 300 años.

1730. Los británicos introducen el café en Jamaica. Comienza el cultivo del café en Colombia. Se empieza a dar forma al licor de café, al que se le agregan azúcar y brandy u orujo.

1748. Se introduce a Cuba el cultivo del café.

1790. En México, durante el virreinato de Bernardo de Gálvez, se consume mucho el café importado de Cuba.

1792. El botánico Afzelius logra, con gran éxito, el cultivo de la variedad «Liberia» en Sierra Leona. Aunque de gran calidad, el café africano no tenía la difusión del café proveniente de Arabia.

1802, 1803 y 1805. De acuerdo con datos publicados por Comercio Exterior, México exporta café originario de Córdoba, Veracruz, en proporciones de 272, 483 y 336 quintales, respectivamente.

1822. Louis Bernard Rabaut experimenta nuevas formas de preparar café: hace pasar una mezcla de agua caliente y vapor por café recién tostado y molido, que es el principio de preparación del café *espresso*.

1861. El Café de la Paix, célebre por su terraza, abre sus puertas al público.

1881. El químico estadounidense Satori Kato presenta el primer café instantáneo durante la Feria del Mundo Panamericano. Pero fue George Washington —el inventor— quien ideó y ejecutó el primer esfuerzo para su fabricación comercial.

1895. Se inaugura el Grand Café en París, donde los hermanos Lumière organizan la primera proyección de una película en público.

1933. Alfonso Bialetti diseña la cafetera *mocha espresso*. Nueve de cada diez familias italianas cuentan con una y se han vendido más de 250 millones de unidades originales en todo el mundo.

1936. Allied Domeq empieza a producir la marca mexicana de licor de café, el Kahlúa, hasta ser parcialmente adquirida por Perinod Ricard, uno de los más grandes productores de licores del mundo.

1958. La Food and Drug Administration —FDA— de los EE. UU. clasifica a la cafeína como sustancia segura, y en 1987 reafirma su posición de que una ingesta normal de cafeína, del orden de 300 mg por día en adultos sanos, no implica riesgos para la salud.

1962. Se funda la Organización Internacional de Café —OIC— con el objeto de regular el mercado: precio, cuotas de producción y difusión científica. Se trata de un organismo conformado por 54 países productores y 29 consumidores.

1969. Los astronautas por primera vez beben café en un tubo en la órbita lunar.

1990. Se crea la cadena Starbucks Coffee en los EE. UU., que revoluciona el consumo de café en este país y, posteriormente, en el resto del mundo.

1994. En Inglaterra, en septiembre, se abre el primer cibercafé. Su fundadora, Eva Pascoe, pensó un día, sentada en un café cerca de su universidad, que podría ser divertido poder ir a algún establecimiento y tener acceso a Internet en él, pagando una cuota. Lo que no se imaginaba es que hoy llamamos cafés Internet a lugares donde ni siquiera se ofrece café.

Colofón

Este libro fue impreso y terminado en la ciudad de México
en el mes de julio de 2010, en Encuadernaciones Maguntis.
Se formó con las familias Cantoria MT y Delicious.
Coordinación de la edición: María del Pilar Montes de Oca Sicilia
Arte editorial: Victoria García Jolly
Edición: Josué Vega López
Revisión: Francisco Masse
Diseño: Nayeli Alejandra Espinosa
Corrección: Jorge Sánchez y Gándara